A. Wallisch-Prinz

Götterdämmerung

Gedichte und Poesie
1995 – 2001

Bibliografische Information der Deutschen Nationalbibliothek
Die Deutsche Nationalbibliothek verzeichnet diese Publikation in der Deutschen Nationalbibliografie; detaillierte bibliografische Daten sind im Internet über http://dnb.d-nb.de abrufbar.

Herstellung und Verlag: Books on Demand Noderstedt
ISBN: 13: 9783837077414

Für all diejenigen,
die

scheinbar
schreckliche
schaurige
schöne
schlimme
schadenfrohe
schlaflose

Momente in ihrem Leben haben.

Wer hat Angst vorm schwarzen Mann?

Sahst Du die Geister,
den Tod und geheimnisvolle Mythen?
Hingen sexbesessen in der Luft -
musstest Du sie unbedingt behüten?

Stimuliert von Ängsten,
heimgesucht von Depression!
Kalte Lichter, sterbende Farben-
beherrscht von Aggressionen!

Im Rausch des Daseins,
Fantasien der Unmöglichkeit.
Bilder, die verschwinden
im Nebel der Wirklichkeit.

War sie schön, die Zeit
während Deines Todes?
Dunkel, erregend,
gierig und verschlingend wie der Sog eines Sturmes?

Eine irre Seele sucht -
nach dem Sinn des Lebens.
Zerstört und verlorengegangen -
eine Larve des Nehmens.

gewidmet Jim Morrison

Göttlichkeit ist Tod
Weißt Du, wer ich bin
Mensch, Tier, Gott
Siehst Du das Spiegelbild des Schattens
Auf dem Stacheldrahtzaun
Pforten im leeren Saal
Psst. Hörst Du
Nichts
Schritte
Leise
Komm rein
Dunkler Vorhang zieht nackt, bleich-geil vorbei
Komm rein
Mach mich high
Lass mich spüren, wer Du bist
Mensch, Tier, Gott
Wahrheit macht Angst
Lach ihr ins Gesicht
Lass mich spüren,
Wer Du bist
Mensch, Tier, Gott
Hast Du das gesehen

Autorität
ist
die
beste
Grundlage
zur
Verstümmelung
der
Gleichberechtigung.

Geh die Straße hinunter
Siehst Du das,
Siehst Du das nicht
Menschen,
Geheimnisvolltuend arrogant
Blind-hastend
Nicht sehend - aber doch
Den alten Mann
Bricht zusammen
Unbemerkt - aber doch
Vergessen
Geh die Straße hinunter
Siehst Du das,
Siehst Du das nicht

Brauch ich das?
Nein!
Das?
Überhaupt nicht!
Und das?
Auch nicht!
Vielleicht das?
Nö!
Oder das?
Nein!
Bald steh ich nackt
In einem leeren Raum.

Mann im Mond

Nachts am Fenster
Stehst Du,
Siehst hinaus
Spürst den Blick
Auf Deinem Gesicht
Kalter Mond,
Kahl und blass
Keinerlei Gefühle
Denkst Du, hoffst Du
Geheime Wünsche
Glaubst Du für Dich allein
Grau und eiskalt
Scheint es zu sein

Feucht, heiß
Im Sommerwind
Der blasse Schatten des Ichs
Auf einem Grabstein gemeißelt
Streicht vorbei
Schüchtern flüsternd
Unscheinbar protzig
Doch trauernd
Im Wirrwarr
Der Widerwärtigkeit

Tief
Tiefer
Unberührter Ozean
Unberechenbar - besiegt
Wehrlos mächtig - einsam
Tief
Tiefer
Ozean - unberührt

Selbstgeboren, primitiv
Stärker werdend
Intensiv

Wartend, lüsternd
Frierend
Flüsternd

Kommend - leise
Still und heimlich
Immer auf die gleiche Weise

Ängstlich
Brauche Dich
Sommerblumen winden sich
Im Bergwerk der Realität

Verlassen
Bloßgelegt - Alleingelassen
Im dunklen, blassen
Bergwerk der Realität

Fruchtbar
Dunkel - Klar
Weiß, was war
Im Bergwerk der Realität

Geh
Geh hinaus
Lass es zurück
Das Sein
Das Ich
Das Bleiben
Komm nicht wieder
Schicksal hilft
Von Trauer überzogen
Fenster zum Glück
Geöffnet - unerwartet
Lass es zurück
Geh
Überbleibsel des Traums
Ist Wahrheit
Geh
Versuchung
Nein
Leise
Geister
Im Morgengrauen
Psst
Warte auf mich
Auf der anderen Seite
Lass es zurück
Sein
Lass es zurück

Gewidmet Mr. Will

Komm her
Höre
Musik im Klang der Ewigkeit
Wind verweht
Wahllos
Nutzlos - nichtig
Sieh
Fabelwesen des Gesangs
Nippen
Am Rand der Realität
Komm her
Schmecke
Süßen Geruch
Des Wahnsinns
Zum Mord der
Autorität
Erregt - unvergessen
Komm her
Spüre, fühle
Gottes Mauer
Betonglas, schimmernd - klar
Götz der Unwirklichkeit
Überwunden

Tod kommt
Leise
In später Stunde
Fröstelnd
Siehst Du
Durch die
Gegenwart
Gottes
Ihm ins Angesicht
Unverstanden - Fassungslos
Blindgesagt
Schmerzverzehrt
Hineingesehen
In die Seele,
Die Hoffnung bringt

Hab' Dich gesehen
Auf Hofpausen, Gängen.
Gefühle verwehen?
Konnt' sie nicht zwängen

Aus meinem Kopf.
Ging nicht, schaffs nicht!
Wie an einem Tropf
Hing dran - ich!

Frisst sich hinein
In meine Gedanken
Völlig allein-
Gelassene Schranken.

Halbblut
Läuft durch die Prärie der
Zukunft
Erst klar,
Dann ängstlich
Angst vor der
Realität
Sieht die Gegenwart
Blind rennt er
Durch sie hindurch
Hört die Stimme
Des Windes
Und langsam
Sicher
Stellt er sich der
Vergangenheit

Freizeitindianer glaubt
an das Gute der Welt.
Sieht nicht das Dunkel,
das ihn umstellt.

Sieht nicht die Schatten
an schwarzer Wand.
Blutübergossen
im ganzen Land

Der einstigen Freiheit,
die einmal genossen.
Liebe, Träume,
Hoffnung wurden genossen.

Alles ändert sich?

Wie ist das Leben
Weiß nicht
Frag nicht
Fetze, ficke,
Liebe
Töte
Die Gedanken
Der Untergebenen
Der Macht
Schmerz des Gewissens
Ist Freiheit,
Die Glück bringt
Genieße,
Wähle den Tag,
An dem der Tod
Die Seele befreit,
Dir Ungewissheit -
Wissen bringt
Und ...
Frag nicht
Tu' es

Langeweile ist tödlich, wenn man sie nicht nutzt.

Lauf nicht davon

Er wacht auf und sieht in den Spiegel des Glücks. Fragt sich, ob er das wirklich sei. Sein Ich. Jeder Tag bringt Ungewissheit, die er nicht überwinden kann. Jede Nacht bringt Schmerzen, die er nicht bezwingen will. Er rennt hinaus. Bekleidet, doch nackt im Angesicht seiner selbst. Den kalten Boden, der an seinen Füßen brennt, spürt er nicht. Hört die lachenden Menschen, die seine ängstlich-irren Blicke nicht sehen, doch bemerkt sie nicht. Spürt den Wind, der in seinen Haaren spielt, an ihnen zieht - drängend. Er lässt sich nicht beirren, läuft durch blaues Feuer bis er dem Glück ins Antlitz blickt.

Am Strand des
Schwachsinns
Liegen Blumen
Wie Kohle im Kraftwerk
Gezeugt aus
Liebe,
Träume,
Hoffnung
Doch alleingelassen
Mit sich selbst
Zeichen kreischen:
Betreten verboten
Schreie, weine wie
Ein Schmetterling
Im Netz
Kraftvoll fliegend-wehrend
Sich befreiend
Schwebt in den
Blauen Himmel
Nun wissend,
Dass Netze tödlich sein können.

Momente

Momente des Abschieds
Sei nicht traurig -
Einsam
Freue Dich
Der bloßen
Trennung
Seelenlose Stimme
Flüstert ruhig-warm
Beschwörend
Lerne zu vergessen,
Zu vergessen, wie's war
Im Himmel der Freuden
Lebe, Liebe, Lache
Weiter im Rausch
Des Festes,
Der Farben, die
Leuchten wie ein
Meer aus Blumen
Falke fliegt im
Glanz des Silbermonds
Lerne zu vergessen,
Frei zu sein
Wie ein Fisch
Im tief-blauen
Ozean
Niemals
Höre auf
Zu glauben
An Dich selbst
Lebe
Lebe weiter
So wie vorher
Wenn auch anders

Trip des Lebens

„Komm mit,
gehen wir über die Brücke des Lebens."
„Siehst Du das?
Warum sind sie alle so traurig?"
- Deine glänzenden Augen zeigen Freudentränen.
Könntest die ganze Welt umarmen. -
Es regnet Farben des Windes.
„Wo willst Du hin?
Sieh, da ist Gott!
Sein Schatten ...
Hat Gott einen Schatten?"
- Ha-ha. -
„Hey, ich schwebe ..."
„Wo bist Du?"
„... in den Nebel."
„Wer ist da?"
-... Klopfen -
„... Ich sehe keine Tür ..."
Tanze mit einem Maskenmann in einem Ring aus Feuer.
-Ist das alles nur ein Traum?-
Ziehe ihm die Maske vom Gesicht. Darunter ist nichts!
Starr vor Angst falle ich in die Dunkelheit, die mich umgibt.
Höre hysterisches Lachen, kreischend, fiepend.
Falle in eine Butterblumenwiese.
„Da bist Du ja. Wo warst Du?"
„Habe mit Gott getanzt."
„Ich mit dem Teufel. Wo Du?"
„Im Nebel in einem Ring aus Feuer."

Melodie der Liebe
Kapituliert
Vor Deinen Augen
Zeigst keine Gefühle,
Kein zärtliches Denken
Dunkle Ecken
Bieten kalten Schutz
Vor Gründen,
Dich zu kennen,
Dich zu lieben
Bleib nicht da
In Deinem Loch
Komm heraus
Sieh die bunte Welt
Des Daseins
Melodien der Liebe
Sollst Du fühlen
Glücklichsein an einem
Besseren Ort
Wenn Du sie schmeckst
Melodie der Liebe

Ein bisschen Freiheit

Wie schön, wie
wundervoll
es hier oben ist
Blick in die
Unendlichkeit
lässt fühlen, dass
Freiheit mich umschließt
Sonnenstrahlen
wecken alte Träume
Wundervoll
Warm und satt
lass ich mich führen
in eine fremde Stadt,
die jeder kennt
Tanze, singe, lache
mit Menschen,
die mir ähnlich sind
Unendlichkeit
lässt fühlen, dass
Freiheit mich umschließt
Sonnenstrahlen
wecken mich -
wärmend
Wie schön,
wie wundervoll
es hier oben ist
Lass mich noch
ein bisschen tanzen

Seifenblasen

Vom Dufte der Blüten berauscht
gehe ich durch dunkelschattige Blumenwälder.
Ein silberblauer Wasserfall rauscht -
hab's nie geglaubt, jetzt seh ich's selber -
in tiefen Abgrund hinein.

Gehe unablässig-stetig weiter
auf nass-grünem Wiesenteppich.
Ich steige hinab eine Sonnenblumenleiter,
schaue in einen kleinen Bach
und sehe Dich und mich.
Kann das wirklich Liebe sein?

Ich habe gelogen,
Ich habe Angst
Angst vor dem,
Was war,
Was ist,
Was kommen wird
Was heißt es zu sein,
Zu sein
Im kaputten Universum
Geheuchelte Worte,
Die nichts sagen
Sagen,
Was ich wirklich denke,
Woran ich
Glaube
Halte mich fest
Sieh in mich hinein
Verstehe mich
So, wie ich bin

LEER

FREMDE FREMDE
FREMD IST FREMDE
KAUM GESEHEN
MUSS JETZT GEHEN
LILA-BLAU BLUMEN
BLOßES KONSUMEN
KALTES STIEREN
FRIERENDES FRIEREN
FREMDE FREMDE
FREMD IST FREMDE
KEINE GEFÜHLE,
DIE ICH SPÜRE
SPÜREN SOLLTE
SPÜREN WOLLTE
MUSS JETZT GEHEN
LILA-BLAU BLUMEN
FREMDE FREMDE
FREMD IST FREMDE

Soldatenspiele

Grau-blauer Himmel
zeugt Frühlingssonnenwärme.
Goldblumen lachen
der Vogelschwärme.

Liebeleien im Chaos des Sprießens.
Im Hinterkopf doch hörbar
Laute des Schießens
der Spielsoldaten.

Nicht denkend an Liebe,
an Frieden und Frühling.
Gelöschte Triebe,
die einmal glaubten.

Regenbogenlachen
Hallt durch Fensterräume
Fröhlichkeit im Saal des Lichtes
Doch Lügen
Hinter breitem hässlichen Grinsen
Versteckte Tautränen
Des Morgens

Regenbogenlachen
Erschaffen
In Fensterräumen
Fliehend
In das Dunkel
Der Sonne
Küssend
Das Grinsen

Licht sieht
Tautränen des Morgens

JUWELENRAUCHFASER
HAUCHT
AM GEHÖR MEINER
SINNE
SÜßLICH-ROSA STIMME
FLÜSTERT NAIV
DURCH WASSERLEITUNGEN
HÖREND
VERLIEBTES GLUCKSEN
UNTERM
WOLKENSCHIFF
PUSTEBLUMEN
KICHERN DER
NACKTHEIT DER
PAARE
LAUFEND ENTLANG DEN
BLAU-WEIßEN STRAND
IM ROT DES SONNENUNTERGANGS
SPÜREND DIE
JUWELENRAUCHFASER

Still und heimlich sitzt er im Baumhaus der Träume. Nachdenkend über Vergebenes - Vergessenes. Hört die Stimmen der Vögel. Sie reden über den Tag, die Abenteuer überm Baumhaus im goldenen Licht der Sonne. Er denkt sich, dass es besser wäre, bei den Stimmen zu sein. In Gedanken klettert er die dicken Äste des Baumes hinauf. Immer näher kommt er den Vögeln, dem Licht. An seiner Haut spürt er sanftes Streicheln - so zart wie Seide. Niemals zuvor spürte er solche Geborgenheit und Liebe. Langsam werden die Stimmen drängender und grelles Licht blendet seine Augen. Ängstlich hält er an und ist sich nicht sicher, noch höher klettern zu wollen. Ein zögerndes Drängen lässt ihn vom Ast rutschen und in die Tiefe fallen. Er hörte Stimmen. Andere Stimmen. Rufend, flehend. Stimmen, die er kannte.

SCHREI NACH GERECHTIGKEIT

WANDERER IM GROSSSTADTDSCHUNGEL
IM GETÜMMEL DER BLINDEN.
WINSELND IN EINER WASSERPFÜTZE -
ÜBERSCHWEMMT VON BLUT.
    „SIEH DA NICHT HIN."
  „DIE PENNER."
    „ ... GASKAMMER."
ER WEINT, SCHREIT.
SCHREI NACH GERECHTIGKEIT.
WO BLEIBT DER WAHNSINN,
DER DIE ANGST BRICHT,
DIE ANGST VOR TATEN?
SCHWEIGEN.

Paradies

Es ist so ruhig hier -wie im Paradies.
Der Wind spielt mit den Wolken,
die durch den Glanz der Sonne
zart und zerbrechlich wirken.
So zart und zerbrechlich wie
Du in Deiner selbsternannten Traumwelt - Deiner Realität.
Es ist so ruhig hier - wie im Paradies.
So ruhig, um hier zu bleiben.
Keine Silbe unterbricht die Stille.
Die Stille, die Du geschaffen hast,
um sie Deiner Einsamkeit anzupassen.
Du in Deiner Traumwelt -
Deiner selbsternannten Realität.
Es ist so ruhig hier -wie im Paradies.

Kein Lufthauch,
Nur der Pausentratsch
Der Vögel ist zu hören
Lichtstreifen am
Horizont
Gibt der Idylle
Die Vollkommenheit,
Die Unberechenbarkeit,
Die zerstörbar ist.
Der Lichtstreifen am
Horizont
Ist verschwunden.

Und die Personen lächelten ihn an ...

Er geht durch den Unterwasserwald. Er sieht Personen, die ihn
grüßen. Nicht gewusst wieso, doch aus Freundlichkeit zu sich
selbst, grüßt er zurück. Er geht durch den Unterwasserwald.
Das Grün des Unbekannten fasziniert ihn, hält ihn in seinem
Bann. Hypnotisiert bleibt er vor einem Korallenschloss stehen,
das plötzlich wie eine Illusion vor ihm aufgetaucht war. Er
geht hinein und die von ihm gegrüßten Personen lächeln ihn
an. Er geht durch das Korallenschloss, sieht Springbrunnen
aus Liebe, Fenster der Hoffnung und Wege für Träume. Er
war in einem Korallenschloss im Unterwasserwald und die
Personen lächelten ihn an.

Gottes Rache

Menschen gehen durch die Straßen
Verseucht durch Gottes Rache.
Fetzen bedecken Körper,
Die keine mehr sind.

Verlorene Blicke streifen
Über Häuser,
Über Häuser, die durch Gottes Rache
nur noch Staubhaufen sind.

Vereinzelte Schatten an der Wand,
am Boden Fußabdrücke von Geistern.
Kein Windhauch, kein Laut -
Eine tote schweigende Welt
Innerhalb von Sekunden.

Gottes Rache -
Hervorgerufen durch den Trieb des Menschen
Für Macht zu töten.

„Die Menschen sind verrückt,
aber nicht so verrückt."?

Verloren

Ein Rasenmäher
verstummt beim Vogelgezwitscher.
Dialoge im leeren Raum
unterm Baumkronenzelt
verbinden sich mit
leisem Schlurfen, hallend im
Flur der Magie.
Ein Schrei des Zorns
unterbricht den Zusammenhalt -
zerstört das Vogelgezwitscher und
die Dialoge im leeren Raum
unterm Baumkronenzelt.
Das leise Schlurfen verstummt.
Stille.

Sein

Du bist nicht allein,
Du bildest Dir ein, allein zu sein.

Hast Dich in Deiner Ecke verkrochen,
Hast nicht gesehen, wer zu Dir steht.
Hast Dir selbst Dein Herz gebrochen
und Deine Seele ist verweht.

Deine Gehirnwindungen wurden aufgefressen,
durch den Gedanken, einsam zu sein.
Hast es gewusst und doch vergessen:

Du warst nie allein,
bist es nicht
und wirst es niemals sein.

Hinein und hinaus
Weiß nicht Wieso,
Nicht Weshalb,
Warum
Das Ungeheuer auf drei Beinen
Schleicht in die Stadt
Kriecht durch uns durch
- Ein beißender Wurm -
Fressend die zu Tisch gebetenen Seelen
Geil genießt es sein Festmahl
Im grellen Kostüm
Hinterlässt
Grauen, Angst und Schrecken
Eine blutige Stadt
Hinein und hinaus
Weiß nicht Wieso,
Nicht Weshalb,
Warum
Ein Festmahl

dies spektakel
kann beginnen
in fünf augenblicken
zerrinnen
ein neues leben wird
gewinnen
an licht und kraft
´s wird gerinnen
im strudel
der hitze, der gier
gerissen ins exil
in fünf augenblicken
dies spektakel
kann beginnen
das gebannte publikum wird sich besinnen
wieder und wieder und wieder
bis zum übernächsten tag

Ein Teil von Dir sein,
zu hören Dein Lachen,
zu sehen nur Dich -
hab's vermisst
eine Ewigkeit in
meinem Leben.
Wollte so oft bei Dir sein,
doch die Angst vor
Vergangenem -
eine Wand voll Tränen -
hielt mich fern -
hab's vermisst
eine Ewigkeit in
meinem Leben.
Ein Teil von Dir sein,
würd' ich gern wieder,
eine Freundschaft
für immer -
eine Ewigkeit in
meinem Leben.

Wintermorgen

Das Rot des Morgens
scheint durch Nebelschleier.
Ganz leise hört man
Gerede vom Kleiber.

Die Elfe im Mondenschein
verharrt beim Tanz,
schwebt zu ihrem Wolkenbett,
hinterlässt silbernen Glanz.

Eine Koboldfamilie
fängt an, im tiefen Schnee zu schnarchen.
Von oben herab
lächeln die Geistermonarchen.

Überm Horizont
der Feuerball scheint heller,
blickt nur noch durch
vereinzelte Nebelschleier.

Die Straßen werden lebendig
durch rotnäsige Leute,
verfluchend den Morgen,
meckernde Meute.

Es schlafen Elfe, Kobold und Monarchen.
Niemand hört ihr leises Schnarchen.
Ein Tag verrinnt
zur Abenddämmerung,
bis die nächste Nacht beginnt.

Mohnblumen

Süß-roter Mohnblumenduft
umkreist meine Sinne.
Tief aus der Dunkelheit ruft
deine lautlose Stimme.

Ich laufe ihm zu
dem düsteren Klang.
Und leise dazu,
dein ruhiger Singsang.

Es gibt kein Halten und kein Stehen
- kaltes Rot blendet meine müden Augen -
kann jetzt endlich zu dir gehen,
wirst mich in den Abgrund saugen.

sieh mir ins Gesicht -
das Leben endet nicht
dreht sich im Kreise
unaufhörbar-unbemerkbar leise
geboren, gerostet, verblüht,
bis es neue Kraft verspürt
es lebt und lebt
ewig ewige Keim gesät
Seelen wandern
von einem Ort zum andern
unaufhörbar-unbemerkbar leise
dreht sich im Kreise
sieh mir ins Gesicht -
das Leben endet nicht

Die Dunkelheit lässt die Kerze heller scheinen,
Schneeflocken klopfen leise auf das Fensterbrett,
um auf die Erde zu weinen.

Ein stilles Gebet raunt durch die Gänge,
klingt krank und hilflos in dieser Welt,
im Bad der Menge.

Die Kerze erlischt
und die Flocken von Schnee,
das Gebet verstummen.
Die Welt ist dunkel und lautlos.

Zünden wir eine neue Kerze an.

UNGEWISSES WARTEN
HÄLT MICH,
QUÄLT MICH

UNGEWISSES WARTEN
ZIEHT AN MEINEN EINGEWEIDEN,
SCHLIESST MEINE SEELE EIN
UND WIRFT DEN SCHLÜSSEL WEG

GIBT ES EINEN SINN FÜR DIESES WARTEN,
EINE ANTWORT DARAUF?
SUCHEN WIR NICHT EIN LEBEN LANG DANACH?

FRAGEN

LOHNT ES SICH ZU WARTEN
AUF DAS
UNGEWISSE,
WELCHES SO
GEWISS
UNS BEHERRSCHT?

Blut,
Blut ist irre,
irreführend im Wegeschild,
fortleitend von mir

mondscheinsüchtig
ist nichtig

Ist es die Liebe,
die uns trennt,
durch die der eine den
anderen nicht kennt?

faszinierendes Wegeschild

ein See voll Blut
- farblos

Wegeschild ist
mein Mondenschein

Fenstergesicht sieht in das Dunkel des Draußens,
starrt in die Leere

- beängstigend weit -

Glühwürmchenleuchten weist den niemals erforschten Pfad

Fenstergesicht -
hilflos gefangen, verbannt

nah und doch fern
das Leuchten der Glühwürmchen,
kalt und lieblos,
wissend der Blicke des Fenstergesichts

Wahrheitswahnsinn erzieht
rotznäsige Menschenkinder zu
Proleten der Wirklichkeit,
zu Lügen von
Götterblumenbeeten

Magier erinnert sich an das,
was kommen wird

mit nächtlichem Gewand,
gebannt im Dunst der Zauberkunst,
ein Dirigent im eigenen Milieu,
weckte Mächte -
gefährlich und schön anzusehen
für den, der des Todes bester Freund

Ironie befällt des Zaubers Macht,
ausgelacht der Menschheit Trug,
auch Lug ist nichtig,
wichtig ist die Hoffnung, die dem
Magier fehlt,
den Zauber bricht,
spricht ein Gebet für die Unschuld der Kinder

er weint und meint das Ende sei gekommen,
so hat er sich das Leben genommen

Magier erinnert sich an das,
was kommen wird

Wunder

Jahre voll Schicksal begannen
mit Lachen, Reden - Freundschaft.
Jahre die verrannen,
es band uns eine fremde Macht.

Halten fremde Mächte ewig?
Ich glaub, wer's sagt, es ist nicht wahr.
Ich wusste es als ich Liebe für Dich
in meiner Seele sah.

Die Angst vor Trennung war sie da?
Wir konnten reden, helfen der Tränen.
Ich konnt' mich immer an Deine
schützende Schulter lehnen.

Wunder gibt es immer wieder,
Du bist mein Beweis.
Danken für alles, wie soll ich's machen?
Das ist's, was ich gar nicht weiß.

Ätzend brennt sich
der Gedanke ein
ins Loch der Leere
zieht und schiebt
den Zwiespalt des Lebens
kitzelt den Punkt
des wunden Nervens
zerbirst, bricht,
lässt platzen die Leere -
öffnet neue Wundertüren

<u>schlaflos</u>

farben der tränen
angst aus
des kind, es
wachsein im schläft
, keine roten mohnblumen
sehnsucht bergen
von müdigkeit
träumen lässt
von farben
tränen der

Anfang November

Sie läuft durch die schneiende Vollmondnacht
mit 'nem Keks in der linken und
'ner Zigarette in der rechten Hand
- zu ihm -
und denkt an
- „Mensch ärgere Dich nicht"? -

PERSÖNLICH

GEBURT, TOD, DAZWISCHEN DAS LEBEN,
KURZ UND SCHMERZLOS GENOMMEN GEGEBEN -
UNSINN - SCHMERZHAFT, NICHT SCHMERZLOS;
DRÜBER WÄCHST KEIN GRAS, NUR MOOS.
WOZU, WESHALB, WARUM,
WER NICHT FRAGT BLEIBT DUMM?
LIEBER DUMM ALS ZUVIEL ZU WISSEN,
KÖNNTEST DEINE DUMMHEIT MISSEN.
ENTDECKST DAS GRAUEN IN DER WAHRHEIT
UND - MÖGLICHERWEISE - SINNLOSIGKEIT,
SO UNDURCHSICHTIG UND TIEF,
BEMERKST GRÜNDE FÜR DEN, DER IN DEN ABGRUND LIEF.
DENN WISSE, NICHT WISSEN IST MACHT -
VERSTEHEN IST'S, WAS DAS LEBEN LEBENSWERT MACHT.

ANFANG OHNE ENDE
DIE FREIHEIT SPRICHT BÄNDE,
DER TOD WOHL AUCH,
SO IST JETZT DER BRAUCH

WIE ER SCHON IMMER WAR,
DES BANNES IM LEBEN
(IST DAS FLEISCH SCHON GAR?)
KANNST ES DIR NICHT NEHMEN

UND AUCH NICHT LASSEN,
KANNST NIEMANDEN DAFÜR HASSEN,
ES DIR GEGEBEN ZU HABEN,
KANNST UNENDLICH LANG NACH DER SÜNDE GRABEN.

DER WAHNSINN IST HIER,
GLEICH NEBEN DIR.
KANNST IHN SCHMECKEN, RIECHEN, NUR NICHT HÖREN,
WILLST IHN NICHT IN SEINER FREIHEIT STÖREN?

KÖNNEN, WOLLEN, (MÜSSEN?)
VIELLEICHT DEN TOD AUF SEINE NASE KÜSSEN,
UM DEM ANFANG EIN ENDE ZU MACHEN
UND ENDLICH EINMAL LAUTHALS LOSZULACHEN,
DARÜBER, DEN BANN GEBROCHEN ZU HABEN.

Tränen der Trauer
fließen in einen Wald von
Fröhlichkeit
Ein Wald von Bäumen und Blumen;
Verbirgt durch Dunkelheit der Blätter
die Heuchelei, das Glücksspiel, die Unglückseeligkeit.
Denn unbeachtet ist der
Trauertränenfluss von
selbsternannten Glücklichen,
die geblendet sind von Liebe,
die die Wahrheit nicht sieht.
Doch wird er bemerkt, gesehen und wahrgenommen,
so tötet er sie,
da sie sehen und
ihre Fröhlichkeitsherzen schwach sind.
Und sie fühlen, daß sie nicht leben,
nicht wirklich leben.
Ich will leben, sehen und fühlen,
auch wenn der Preis dafür ist,
unglücklich zu sein.

eisig legt sich die hand
die du kanntest
auf den luftballon
der davonschwebt in
grau-goldene wasserblasen
die vollgepumt sind
ohne kohlensäure

Traum im Leben

Er läuft durch ein Feldmeer
Aus gold-gelben Kornlanzen,
Und narzistisch blinzelt er
In zwei Sonnen, ein Teil vom Ganzen?

er läuft, geht, setzt sich hin,
er könnte schlafen, fliegen,
hat dann liegen im sinn.

Er lacht, ist glücklich darüber, so zu sein wie er war,
Möchte ewig so leben, jede Sekunde, jedes Jahr

Doch erschrickt er vor dem, was er auf einmal sah:

Es kriecht auf ihn zu werdende düstere Dunkelheit
Und leise fragt er: wer ist da?
Und der Tod spricht und sagt: „Es ist so weit."

monster der nacht baden im meer
was so passiert, interessiert sie nicht sehr.
der könig kommt, so macht's die runde
vögeln rum wie wilde hunde
mit krankem gesicht
an blutigen felsen bricht die gischt,
doch sieht man sie nicht
im todestanz
mit rosenkranz geschmückt
verrückt entzückt
von dunkelheit
und leise rufts es ist so weit
der könig schwimmt,
erklimmt die felsenwand
die monster kommen angerannt
doch er der herrscher über sie
sagt zu ihr verbanne sie
die mich verrieten in der nacht
sie haben's ohne mich gemacht

TRAURIGKEIT IN EINER TELEFONZELLE VOLL GLÜCK,
DOCH OHNE SCHMERZ KEHRT DAS GLÜCK NICHT
ZURÜCK.
BLEIBT LIEGEN IM DRECK,
TRITTST ES MIT FÜSSEN, IST ES WEG.
KANNST SO VIEL LIEBE NEHMEN UND GEBEN,
DOCH OHNE GLÜCK NICHT LEBEN,
WENN DEINE SEELE IST AUS STEIN
UND DEIN HERZ SAGT ZUR SEELE NEIN.
DRUM LASS DICH FALLEN
UND SEI GLÜCKLICH MIT JEDEM UND ALLEM
UND DANN KEHRT AUCH DAS GLÜCK
IN DIE TELEFONZELLE ZURÜCK.

Mittellos am Straßenrand,
ohne Kopfhörer im Sand,
schweigst Du lautlos ohne Worte
vielerseits in aller Orte.
Auf Toilette und auf Klo
und beim Pinkeln sowieso.

Stehst im Liegen ohne sitzen,
kannst auf deine Freundin spritzen
mit 'ner Tube Schokosoße
und im Mund 'ne rote Rose;
sticht dir in die Lippe rein,
doch Blut kann auch mal lecker sein,
denkst du lächelnd voller Schmerz,
da macht sie auch noch einen Scherz;
beißt voller Wut in ihren Bauch,
doch sie sagt, das mag sie auch.

Die eine Hand hält nun die Rose,
die andre hält die Schokosoße.
Lässt beides wortlos auf sie fall'n
sie hört nur die Tür knall'n.

Und nun schweigst du ohne Worte
vielerseits in aller Orte
mittellos am Straßenrand
ohne Kopfhörer im Sand.

Läufst und denkst, was du getan,
warst du denn nur voller Wahn?
Ob Schmerz, ob Blut
dir ging's doch gut.
Lecker war sie und die Soße
schenkst ihr noch 'ne teure Rose.
Trittst noch blind in Hundekot,
hast sie verlassen, du Idiot.

verschiedene gegensätze

ein lufthauch der mich weckte,
mit sinn und sinnlichkeit,
ein gleichsein mit mir,
das wünsch ich dir.

ein leben mit lachen,
mit fantasie und wirklichkeit,
mit trubel und tanzen,
mit ruhe und zufriedenheit.

ich will nicht viel,
ich will nur dich,
mehr will ich wirklich nicht.

ein lufthauch der mich weckte,
mit sinn und sinnlichkeit,
ein gleichsein mit mir,
das wünsch ich dir.

Müdigkeit umringt mich
zutiefst in tiefer Einsamkeit.
Kein Laut, nur Stille,
kein Vogelgezwitscher weit und breit.

Nur Menschengerede -
belanglos und laut -
mit Nichtwissen und Schwachsinn zusammengebraut.

Was werden wir tun, wenn kein Vogel mehr zwitschert,
wir der Einsamkeit nicht mehr fröhlich sind?

Und wenn die Welt doch untergeht,
der Wind durch Blut und Asche weht,
werden wir erfahren,
dass wir doch nur Menschen waren.
Mit Seele und Leib,
mit Schmerz und Leid,
mit Frohsinn und Lachen zum Zeitvertreib.
Lieben werden wir das Leben
und seine Kleinigkeit,
genießen die so kurze Zeit
ohne Angst und Heiserkeit,
wenn wir erfahren,
dass wir doch nur Menschen waren.

Dunkelheit umgibt das Licht.
Frierst Du nicht?
Stört Dich nicht die Kälte,
die den Raum erhellte?
Gehen, um zu sehen.
Kommen und gleich mitgenommen
in die Schlacht der Seelen,
kannst sie nicht verfehlen.
Dunkelheit umgibt das Licht.
Frierst Du nicht?
Gehen, um zu sehen.
Kommen und gleich mitgenommen
in lautlose Herzen,
schreien vor Schmerzen.
Stört Dich nicht die Kälte,
die den Raum erhellte?
Gehen, um zu sehen.
Kommen und gleich mitgenommen.
Mühelos gestorben;
wir sehen uns dann morgen.
Dunkelheit umgibt das Licht.
Frierst Du nicht?
Stört Dich nicht die Kälte,
die den Raum erhellte?

Vielleicht
sollten
wir
nicht
so
lange
leben,
um
zu
sehen,
was
der
Tod
bringt.

versucht, nicht aufzustehen
beim untergehen
hilflos zuzusehen und
den himmel anzuflehen

bettelnd um gnade
winselnd um seelenheil
die ständige frage
ob axt oder beil

dir Erlösung bringen
beim untergehen
kannst's nicht erzwingen
den himmel anzuflehen

LIEBELEIEN AM STRAßENRAND
HINTER VERSTECKTEN ECKEN
KANNST NICHTS RIECHEN,
NICHTS HÖREN,
NICHTS SEHEN,
NICHTS SCHMECKEN.

LAUTLOS UND LEISE,
FRIEREND UND FLÜSTERND
ALLEIN UND DOCH AUF GLEICHE WEISE
SCHMATZEND UND LÜSTERND.

SEELENLOS

Einsamkeit entzweiht,
quälen tut Verlassenheit.
Angst vor Schmerzen,
gebrochenen Herzen.
Einsamkeit entzweit.
Es tut Dir leid?

Verletzende Worte,
doch tröstende Orte
ohne Melancholie:
Man weiß ja nie.
Verletzende Worte
sind Schmetterlingsmorde?

Liebe tut weh,
wenn ich Verliebtsein seh.
Bin müde des Suchens,
Weinen und Fluchens.
Liebe tut weh,
möchte noch und suche,
weine und fluche,
doch ob ich Verliebtsein jemals seh?

Mondscheinflimmern in dunkler Nacht
erhebt sich dunkel und erhellt
ganz leise, sanft und sacht
die Schatten aus der Unterwelt.

Es raschelt und rauscht
in Gräsern und Bäumen.
Ein Elfenbub lauscht
den nächtlichen Träumen;

schweben glitzernd durch Luft
verbreiten süßen Rosenduft.
Ein Kobold sieht ein Lächeln,
die Fee lässt ihren Fächer fächeln.

In ihrem Nachtgewand
verharrt Sie beim Tanz,
schwebt zu ihrem Wolkenbett,
hinterlässt silbernen Glanz

und weckt die schlafenden Monarchen,
die noch leise, lautlos schnarchen.
Und der Geist weckt zart den Zwerg,
klettert hinaus aus seinem Gräserberg.

Eine nächtliche Familie tanzt durch das Zelt.
feiern ein Fest der Unterwelt
Sie lachen dem War, dem Sein, dem Werden.
frei und glücklich hier auf Erden.

wirre gedanken
so hilflos und stumm
schattenlose schranken
komm nicht darüber, darunter, herum
kann nicht beten, nicht hoffen,
und versuch es doch,
hilflos ersoffen
in einem schwarzen loch,
der lichterwelt
die mich erhellt
und flüstert zuckersüssigkeit
bald ist es so weit
ein tränenmeer
gibt es nicht mehr.

Die Suche nach dem Weg zu zweit
Seele stirbt vor Müdigkeit
Und doch sind Salbei für das Herz
nicht Einsamkeit und Schmerz.
Und Verwirrung macht sich breit
zwischen Lust und Einsamkeit.
Vergeben und vergessen
und mit starken Mächten messen,
ist's doch sinnloses Begehren
sich nach nacktem Fleisch zu zehren.
(Süchtig nach Verlangen
mitgehangen, mitgefangen?)

Stille Wasser blieben tief,
als er durch den Abgrund lief.
Stört sich nicht an Ironie,
hängt sich auf an Phantasie
(sabbernd schmatzen tut sie nie).
Strebt nach Sinn und Sinnlichkeit,
doch der Sinn, der ist nicht weit
entfernt von Lügen und Intrigen,
Leute saßen da und schwiegen
(wird die Wahrheit jemals siegen?)
bis das Ende naht heran
und sie dunkle Tropfen sahn.
Und als er durch den Abgrund lief
blieben stille Wasser tief
(auch wenn sie leise nach ihm rief).

mutlos gestorben
fristlos umworben
von angesicht zu angesicht
was du siehst, das siehst du nicht
jahrelanges flehen
fabelwesen gehen
in die richtung aus der du kamst
sie gaben, du nahmst
aus neugier und neid
sag nicht, es tut dir leid,
denn das tut es nicht.

von angesicht zu angesicht
fristlos umworben
mutlos gestorben

oh lieblos herz wo bleibst du nur,

magst du's nicht ertragen?

schwebst dahin in frohnatur,

kein zartes wort mir sagen?

    ein tränenfluss im stadtverkehr,

    helfen tut er nimmermehr,

    auf schlafen, rauchen, trinken, ficken

    'halt ich nur ein leises nicken.

auf den knien ein kleines flehen,

suchst du nur nach leiden?

wann darf ich dich wiedersehen,

willst' mich ewig meiden?

    im dunst der nacht erschlagen,

    im schmerz der lust den dienst versagen,

    oh lüsternd' seel',

    was liegst du fehl:

sabbernd, schmatzend ausgezogen,

du böses, geiles ungetier.

das letzte mal die sucht betrogen,

denn lieben kannst du, nur nicht hier.

Mitternacht im Sonnenlicht
was Du hörst, das siehst Du nicht
kannst kaum verstehn, was nun passiert
Gedanken werden ausradiert
und ausgebrannt, stets unerkannt,
weggespült im Nimmerland
Lässt das Blut gefrieren
und sich selbst verlieren
im Inneren des Selbst und Sein
öffnest die Tür und gehst hinein
spielst kurz mit satter Traurigkeit
in tiefer, stiller Dunkelheit
Und was Du hörst, das siehst Du nicht
in Mitternacht was Sonnenlicht.

nicht zu wissen was du tust,
nicht zu wissen, was du suchst,
schläfst des tages in der nacht,
mondlicht lächelt ahnend, sacht.
unruhig schleichst du hin und her,
denn die träume gibt's nicht mehr,
die dich leise trösten,
dir den saft einflößten,
der dir freude still versprach,
nur weißt du nun, wie's ist danach,
schmerzen und blut,
tun dir und mir gut

nur zu

Hell erleuchtet,
ein Dach über mir -
vielleicht auch nicht.
Birgt geheimes Wissen
über Dinge, die wichtig sind -
vielleicht auch nicht.
Verleiht Liebeswärme,
bewahrt die Watteträume der Sterne
und
vielleicht wird das Dach über mir
ewig hell erleuchtet sein,

vielleicht auch nicht

Danksagung

Ich danke allen, die dieses -Buch gekauft und auch gelesen haben. Über Gedanken lässt sich bekanntlich streiten, jeder versteht die Zeilen anders und das ist gut so und soll so sein.

Danken möchte ich auch denjenigen Menschen, die immer an meiner Seite waren und sind. Ich bin stolz auf Euch.

Gefördert hat mich ein Lehrer, unglaublich aber war. Auch Dir, Wilhelm, möchte ich danken. Ohne Deinen Zuspruch und Deine Kritik würden diese Zeilen hier nicht geschrieben sein.